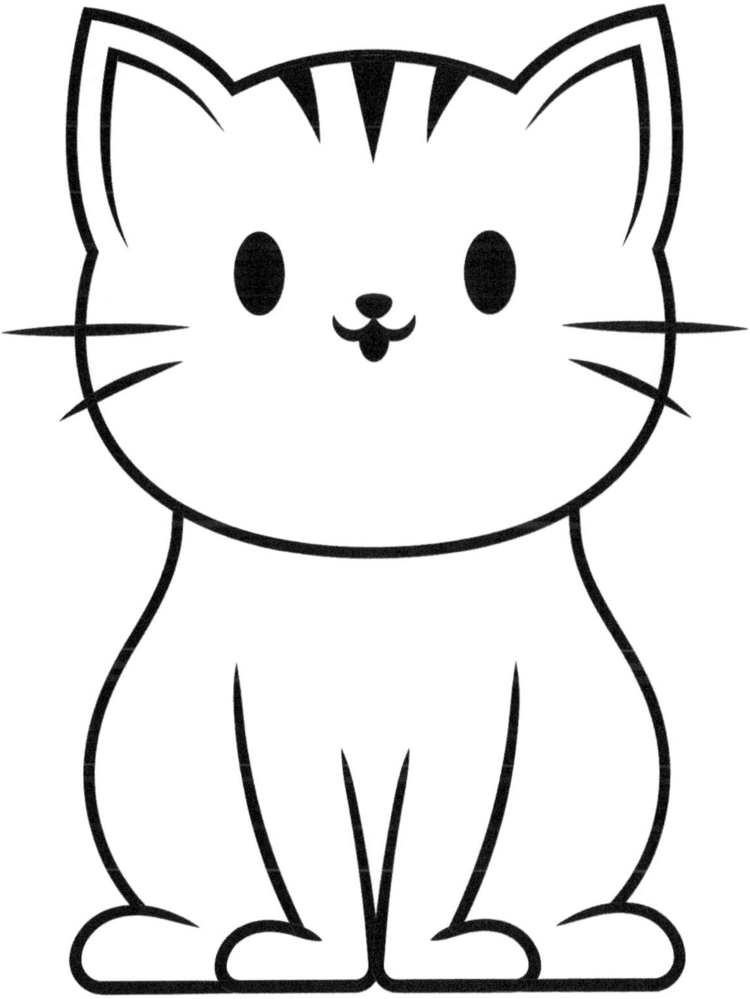

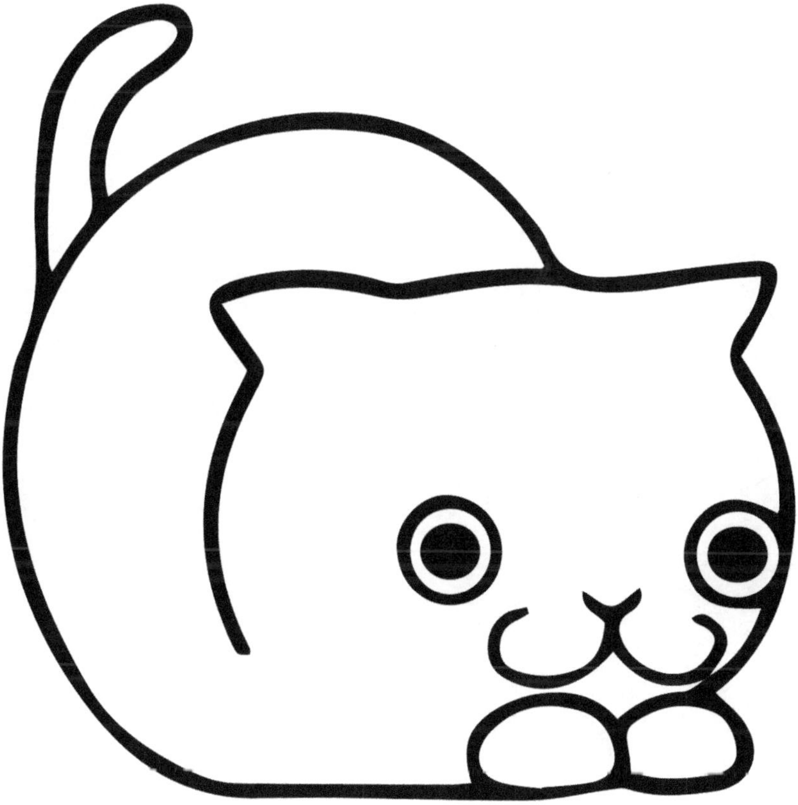

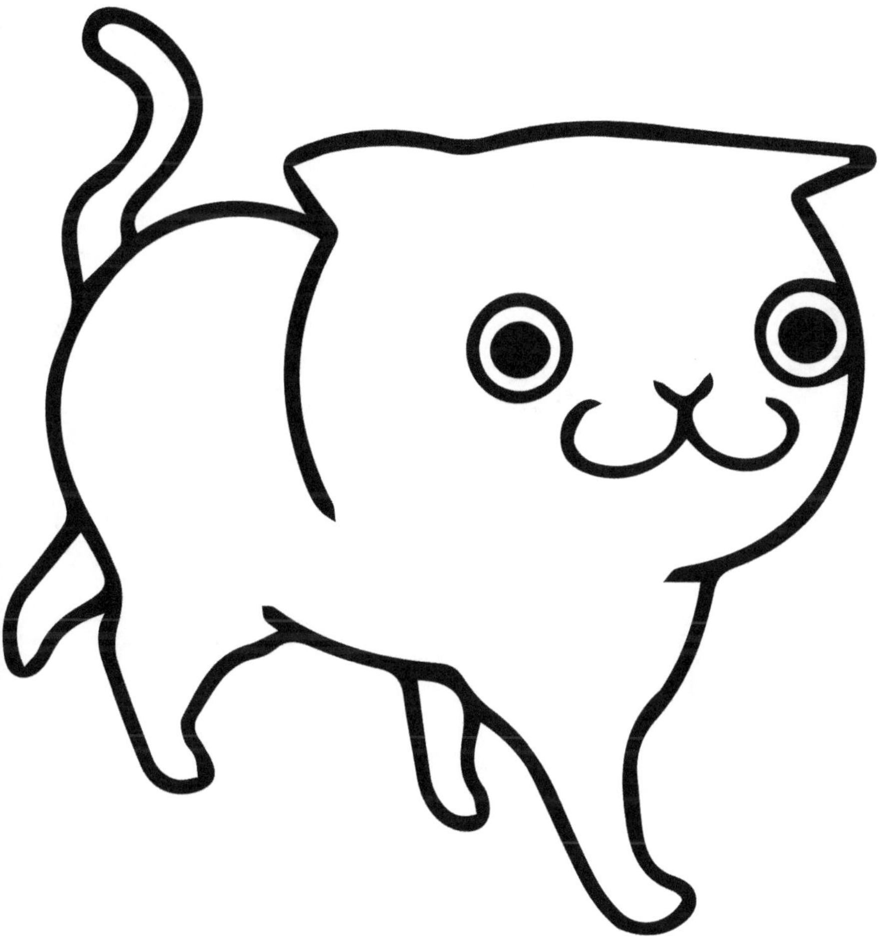

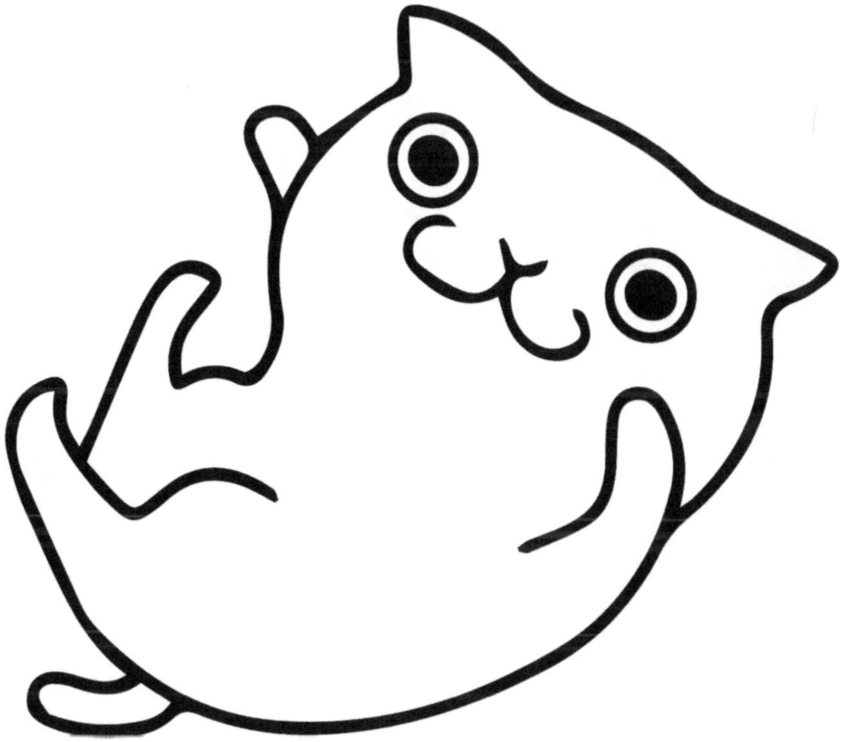

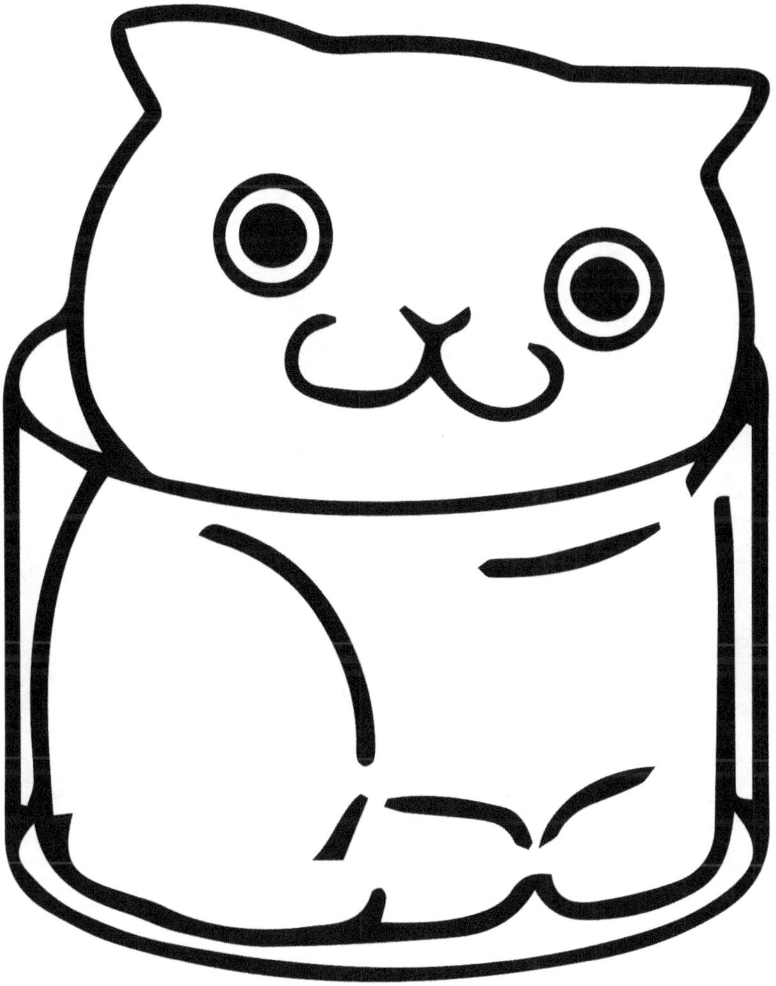

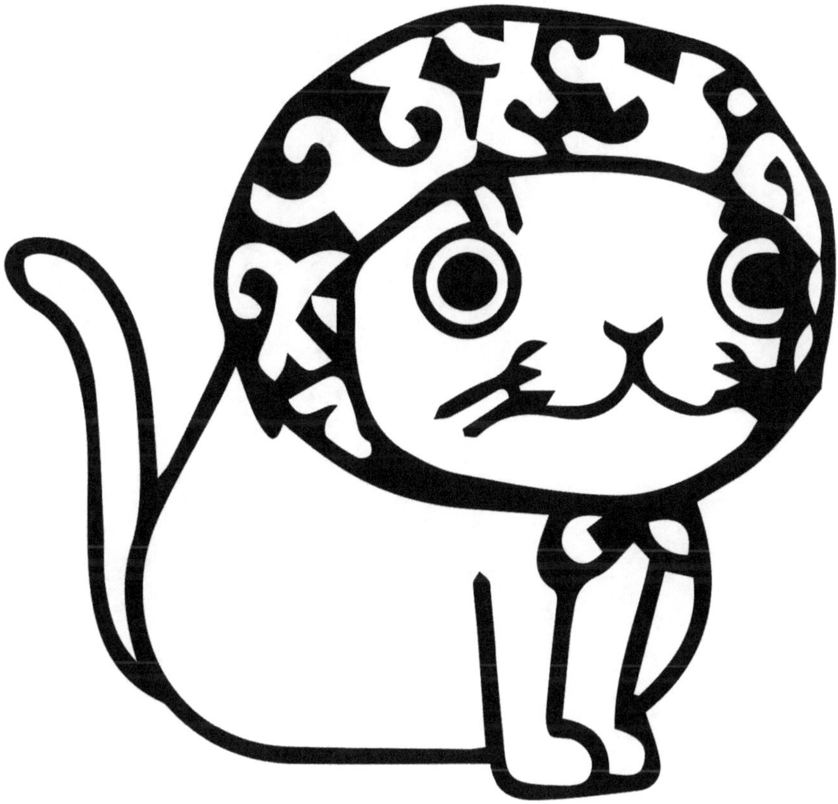

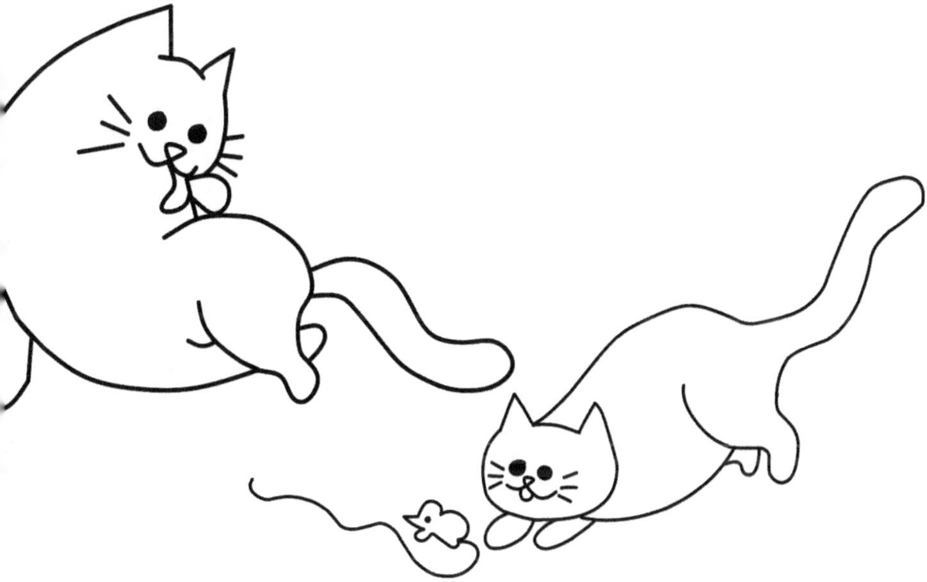

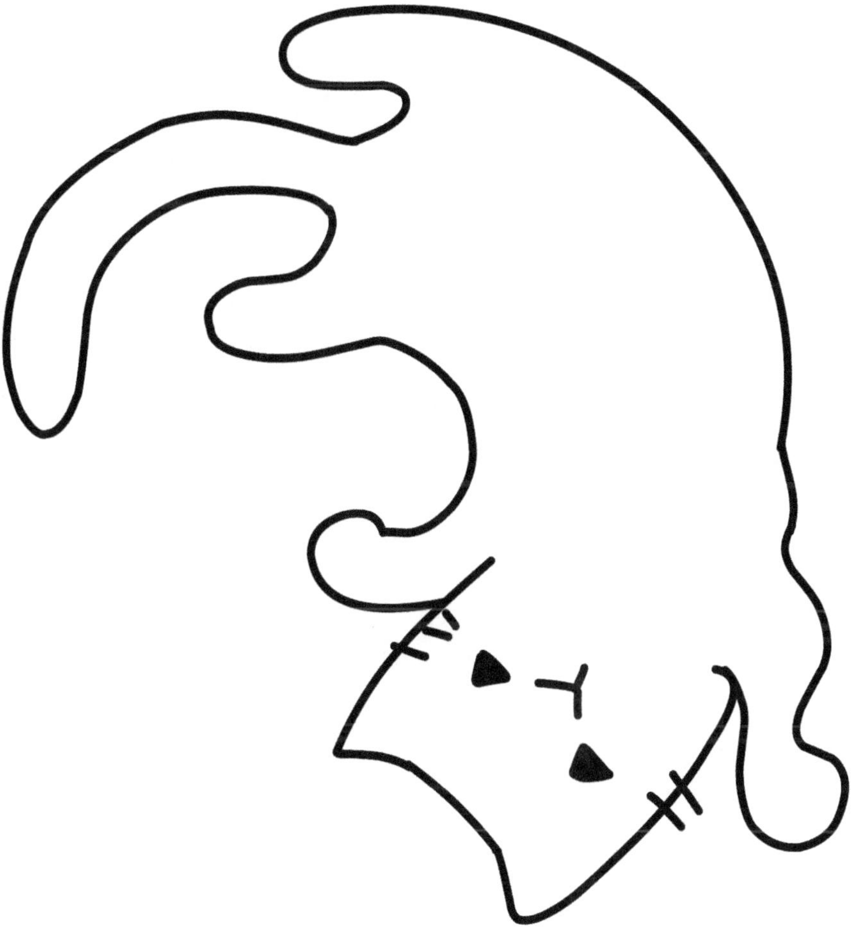

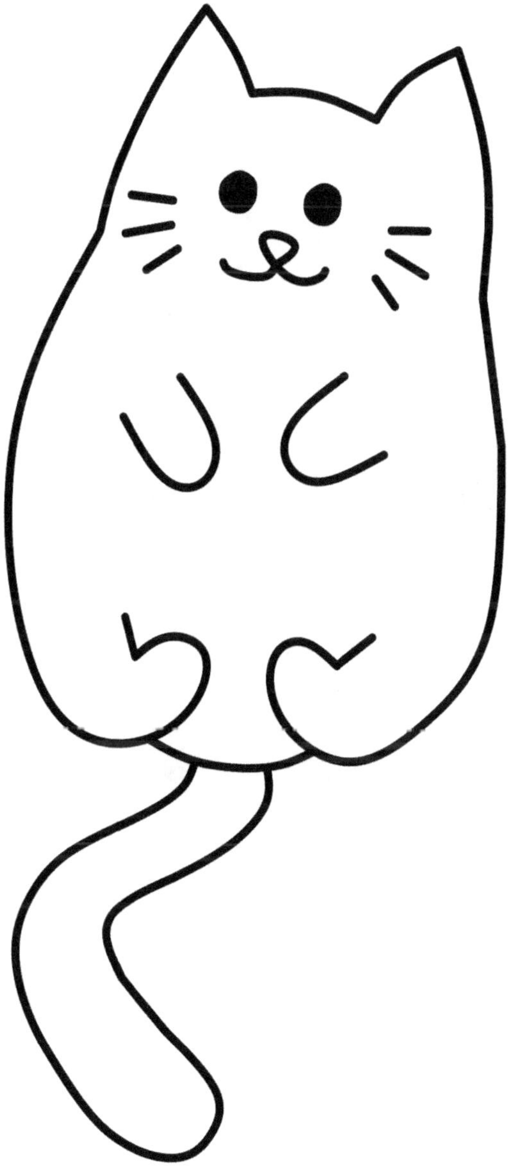

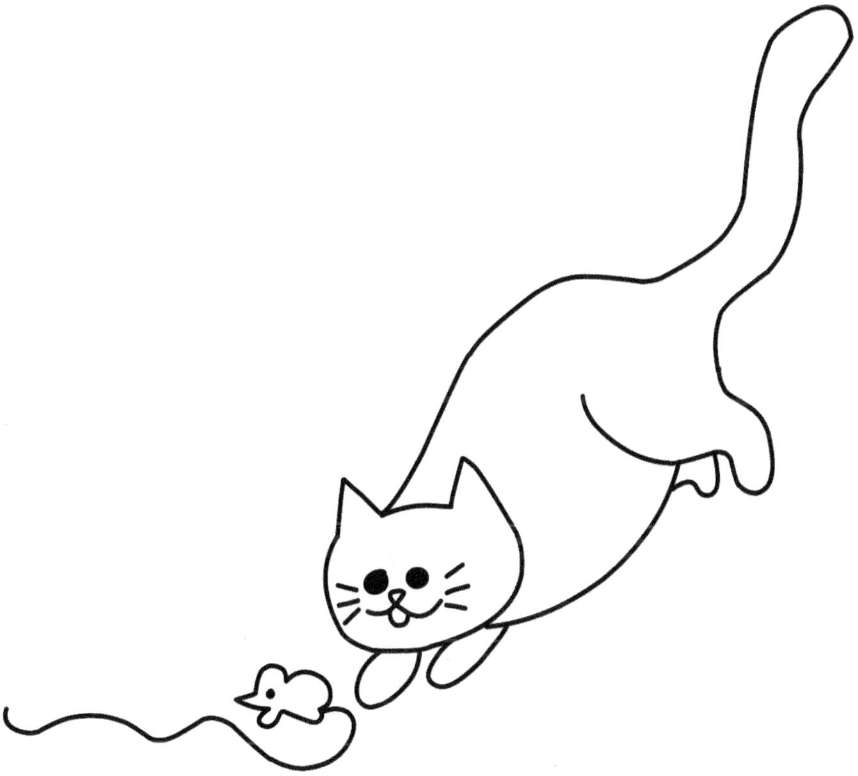

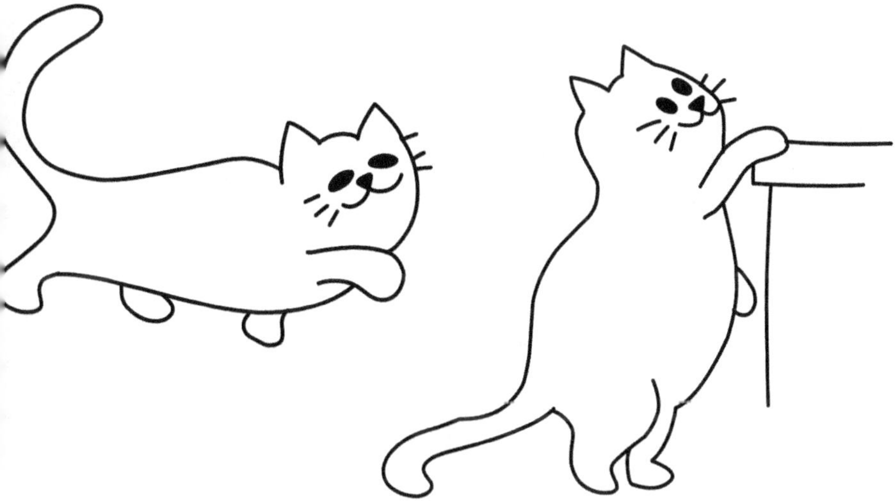

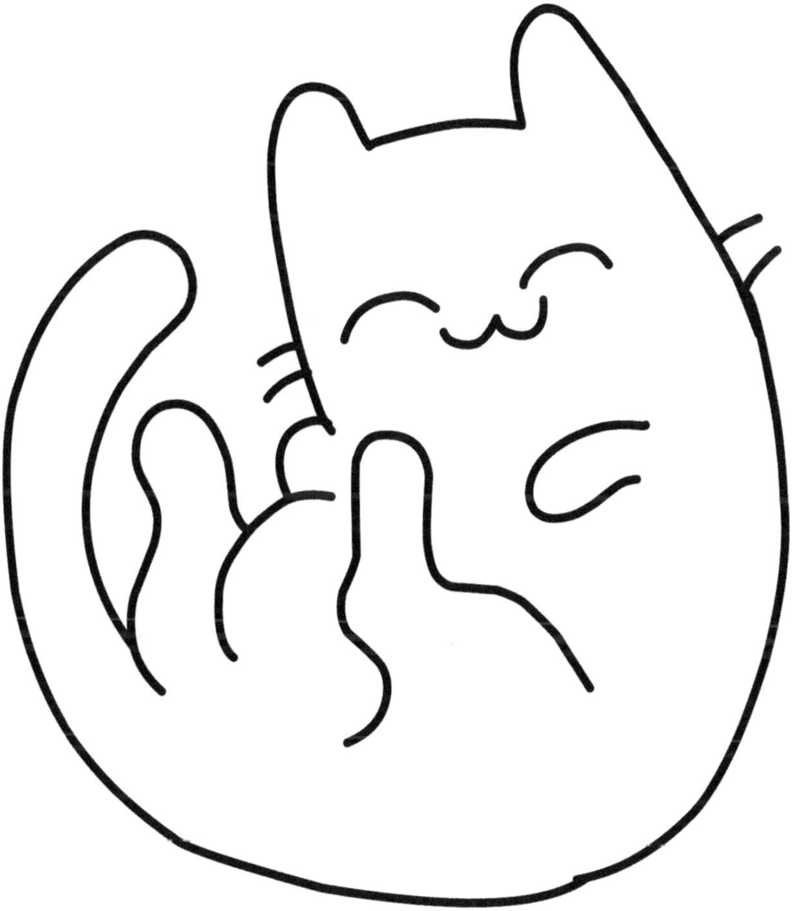

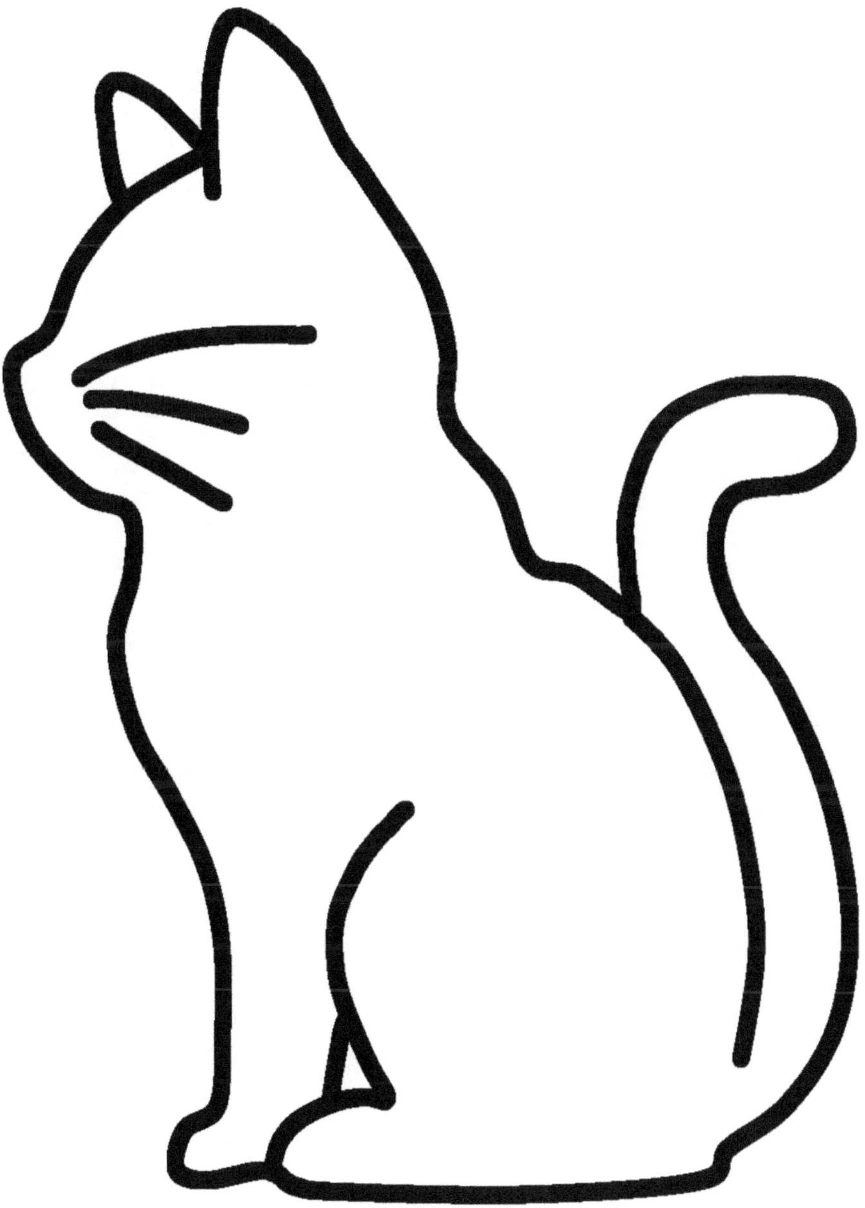

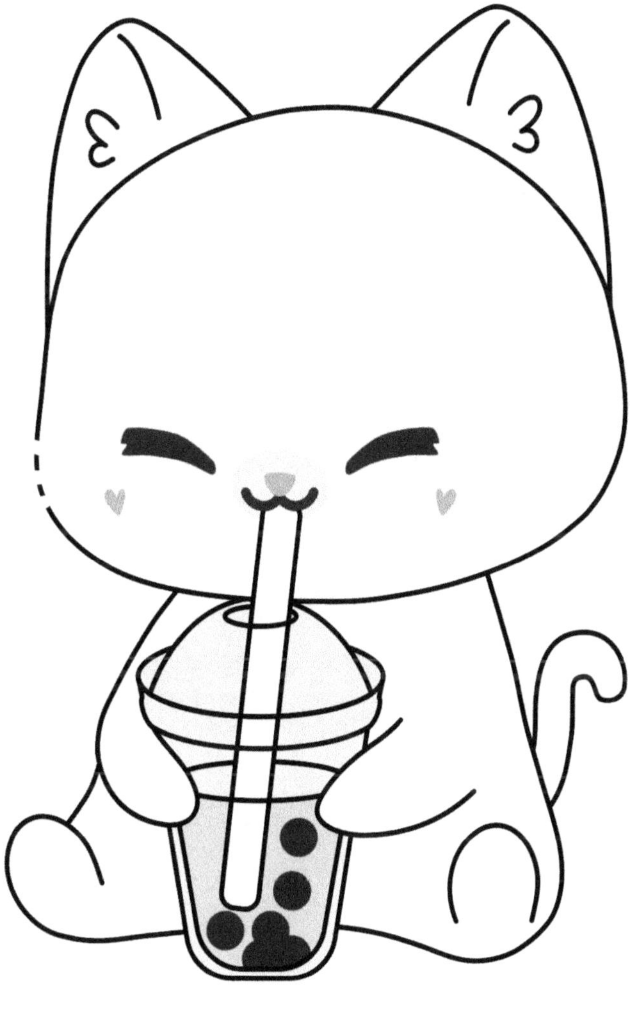

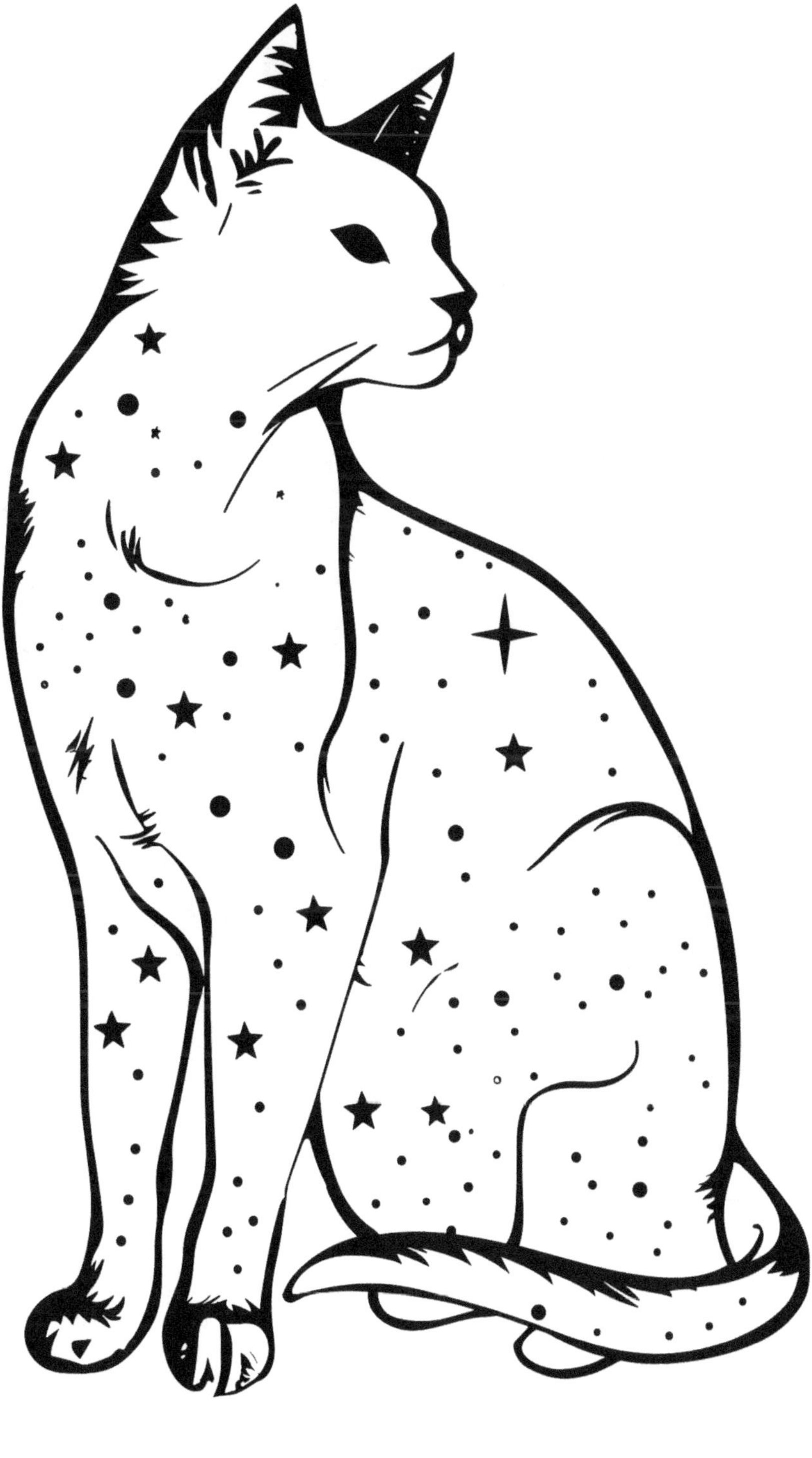

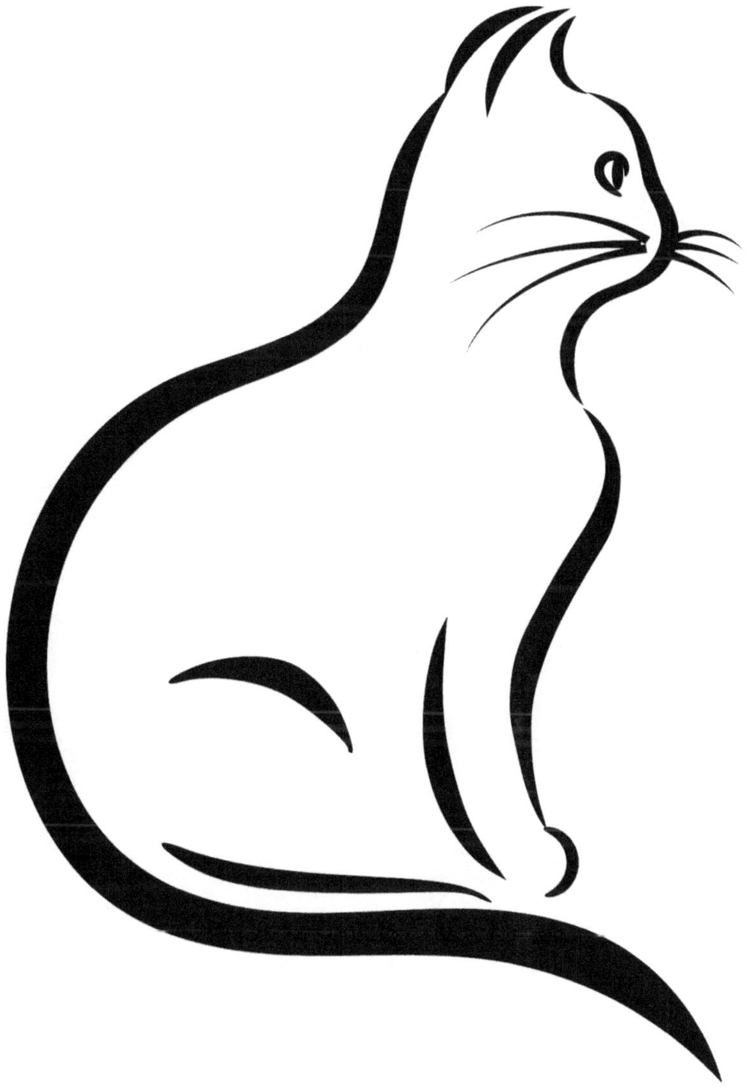

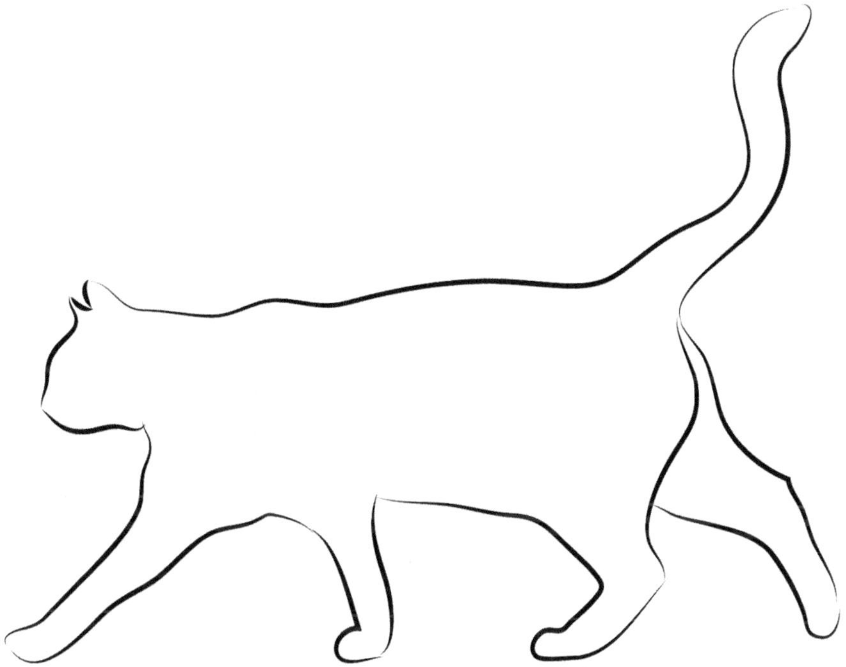

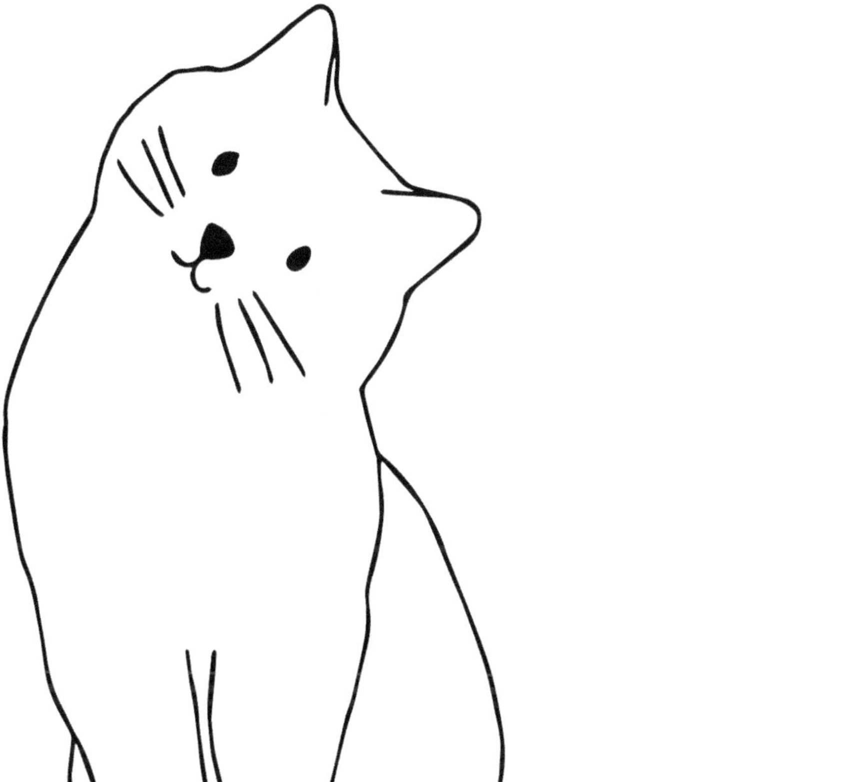

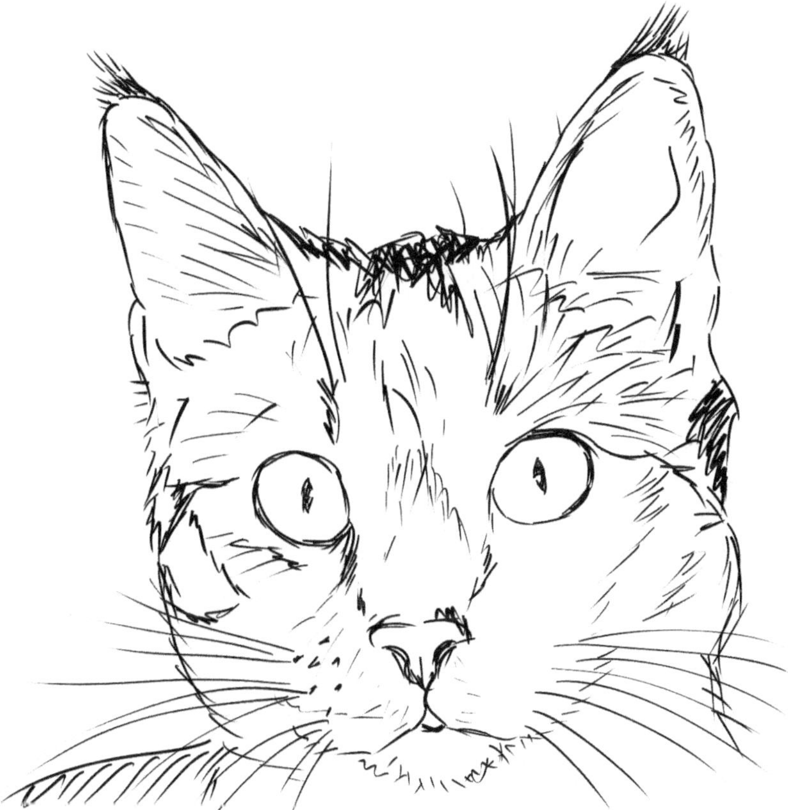

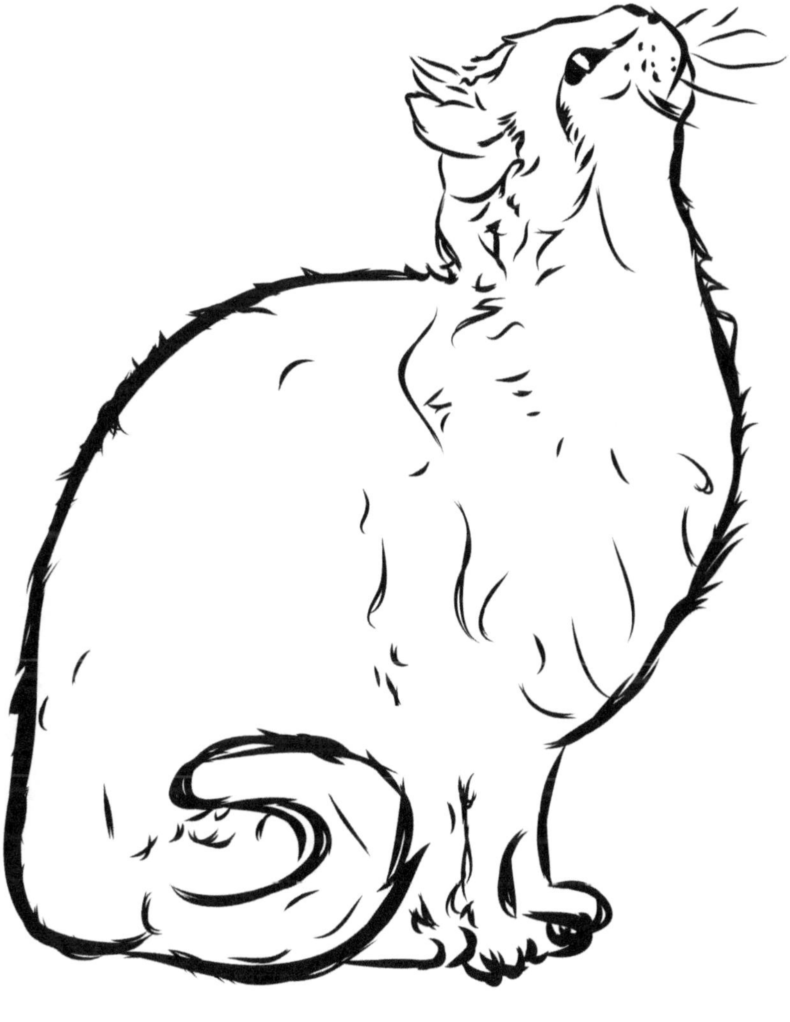

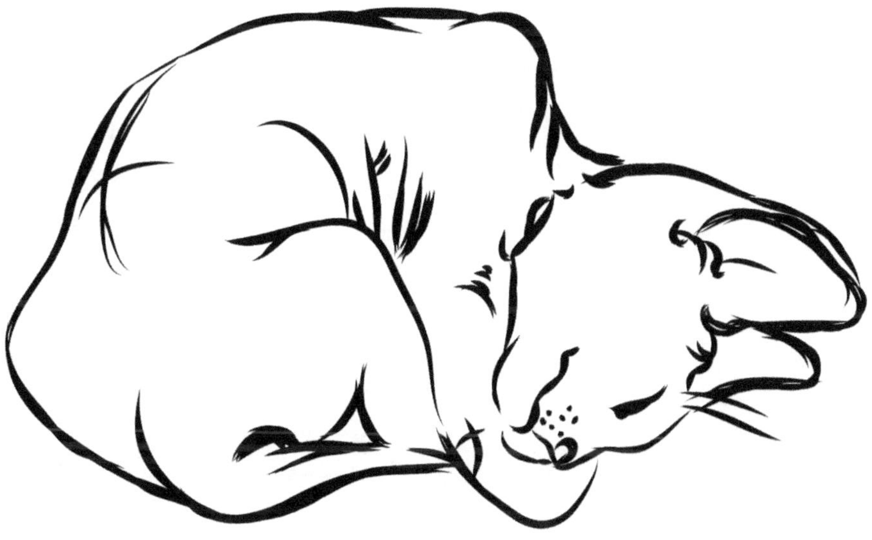

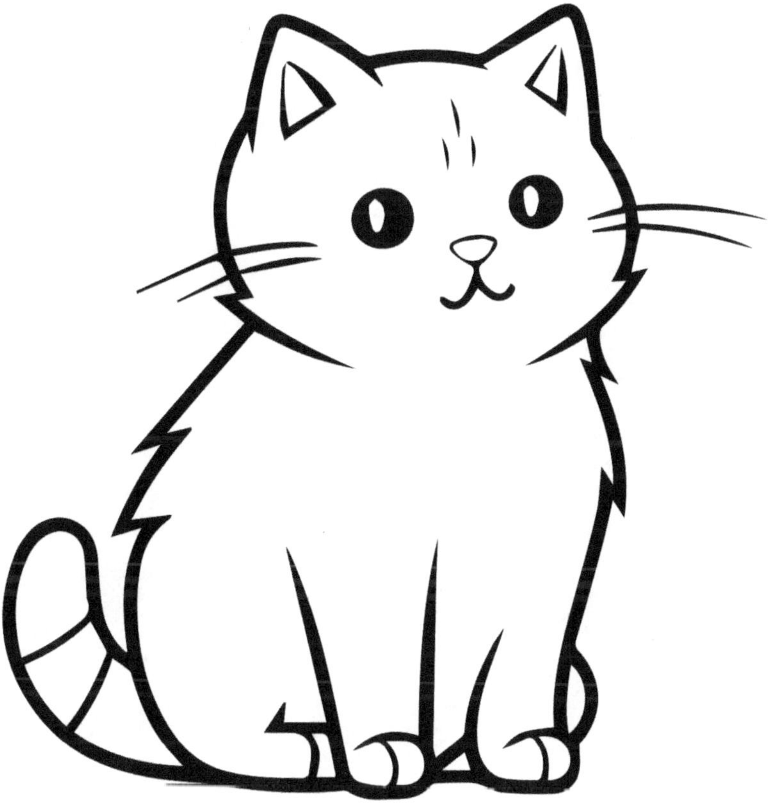

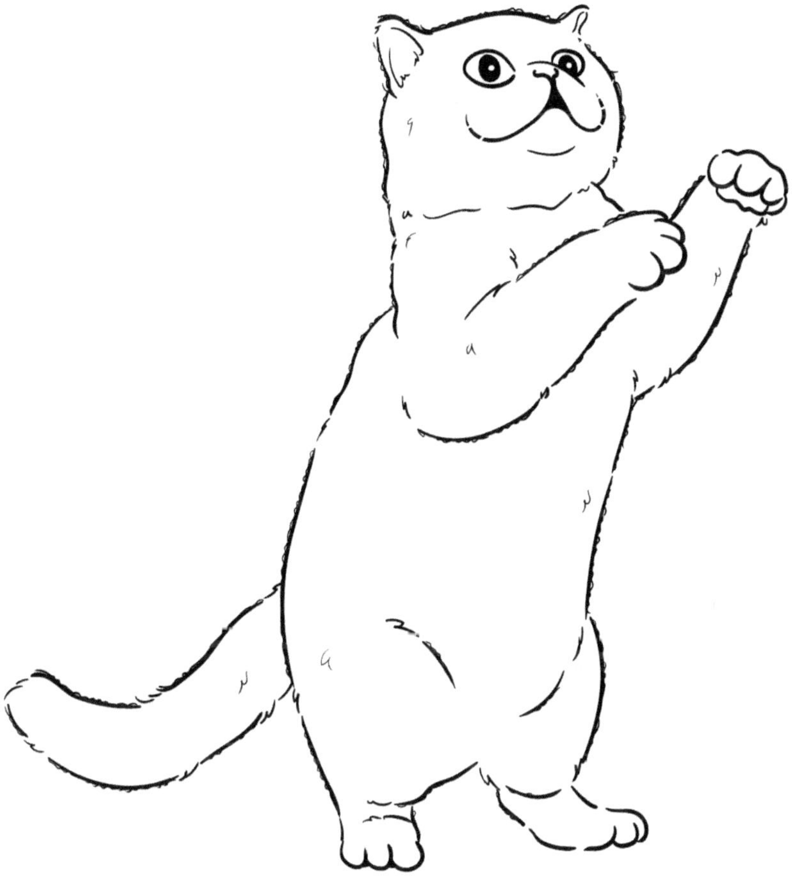

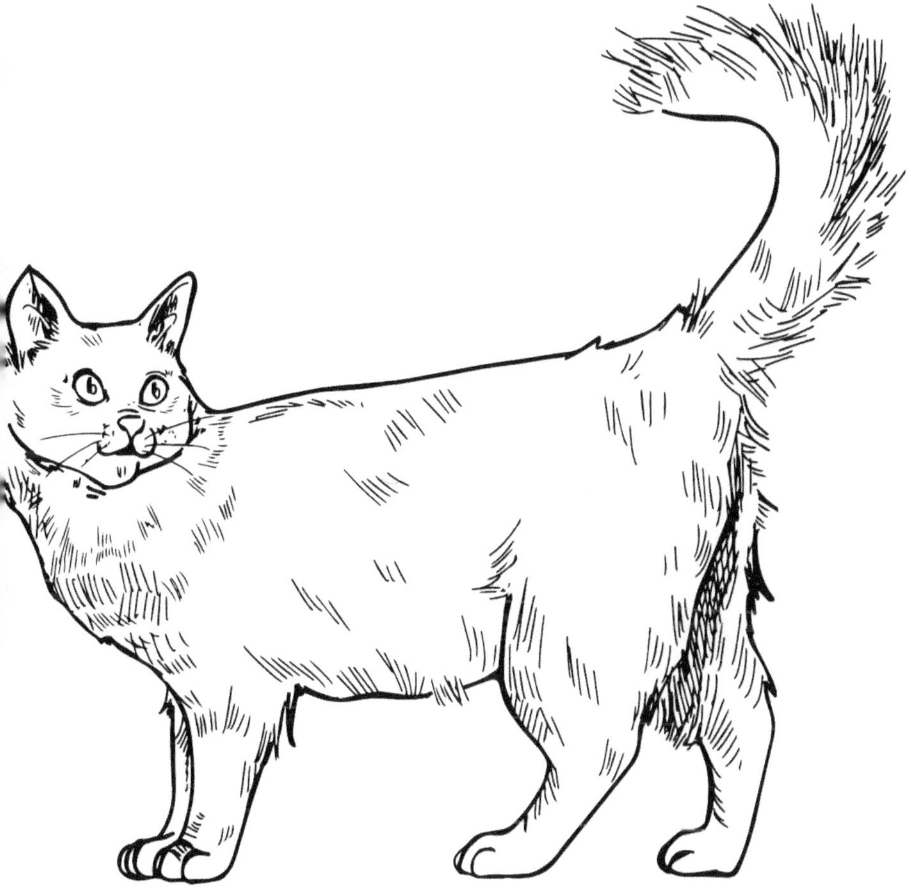

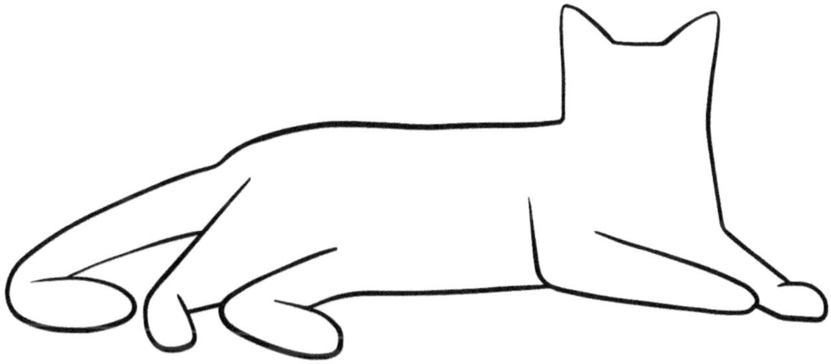

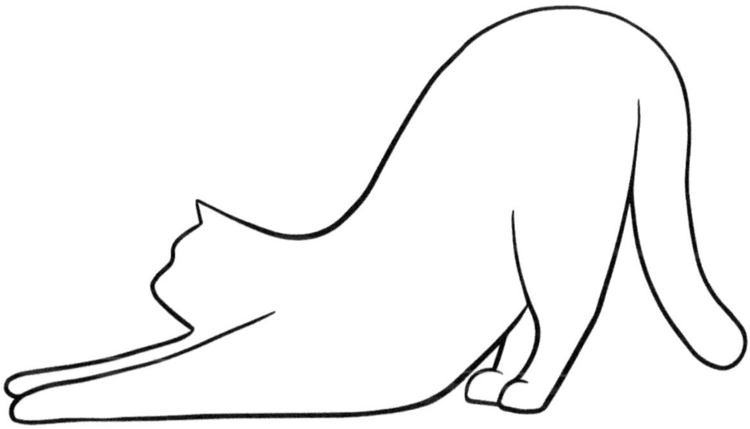

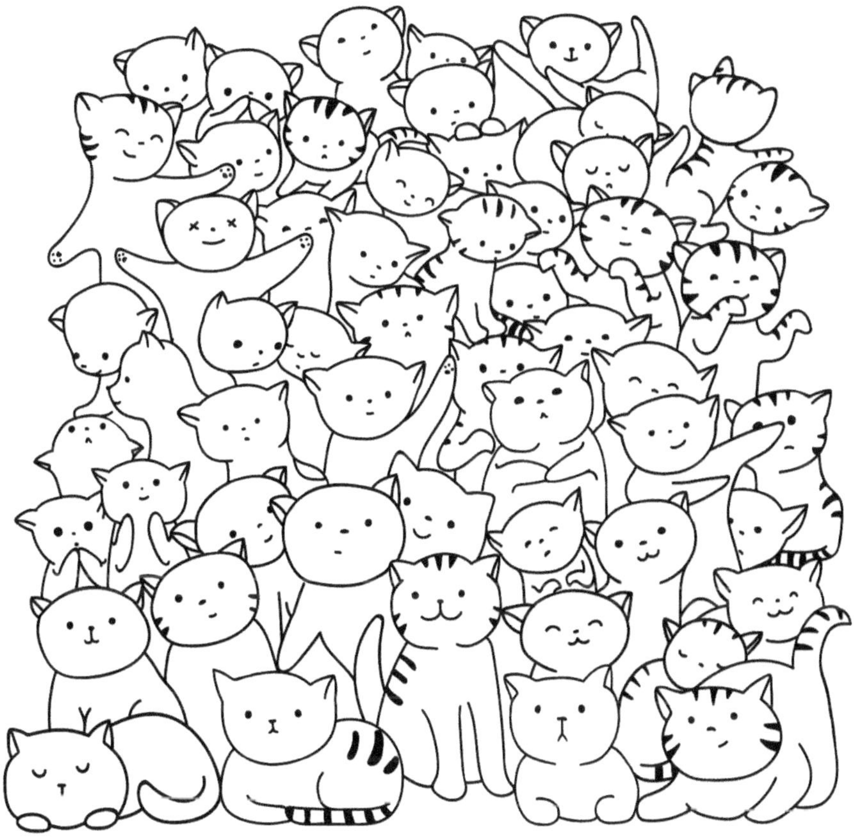

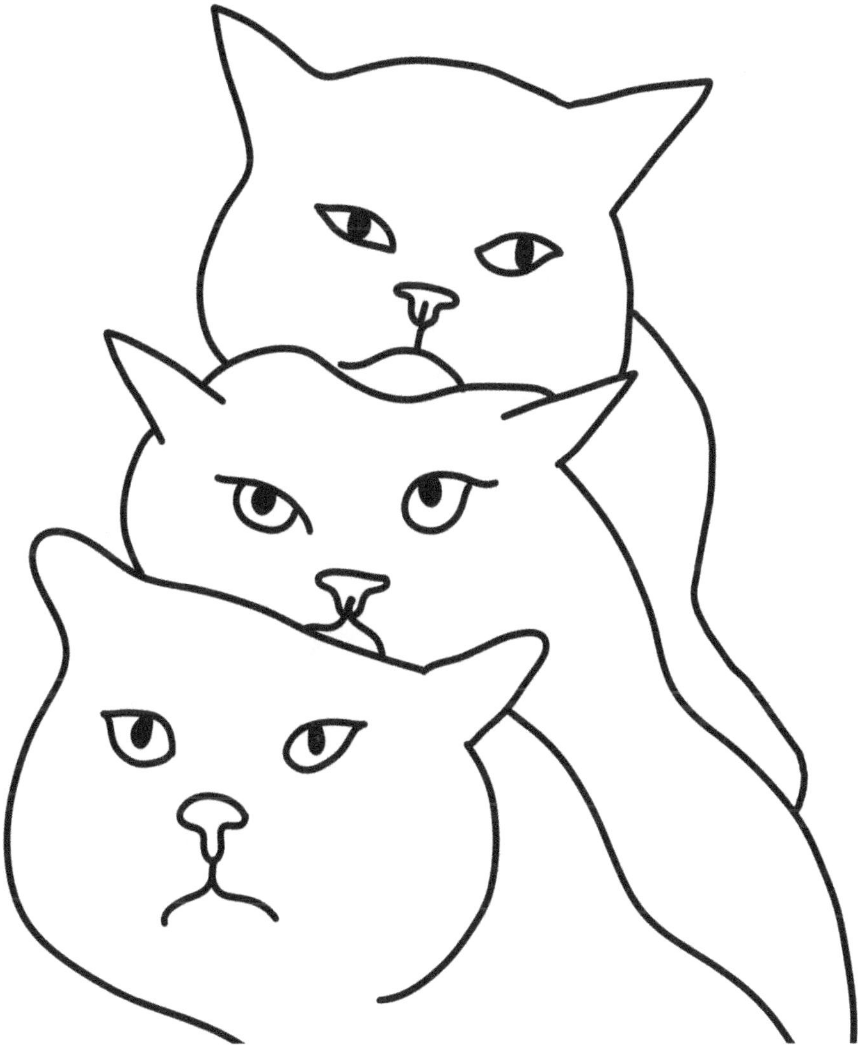

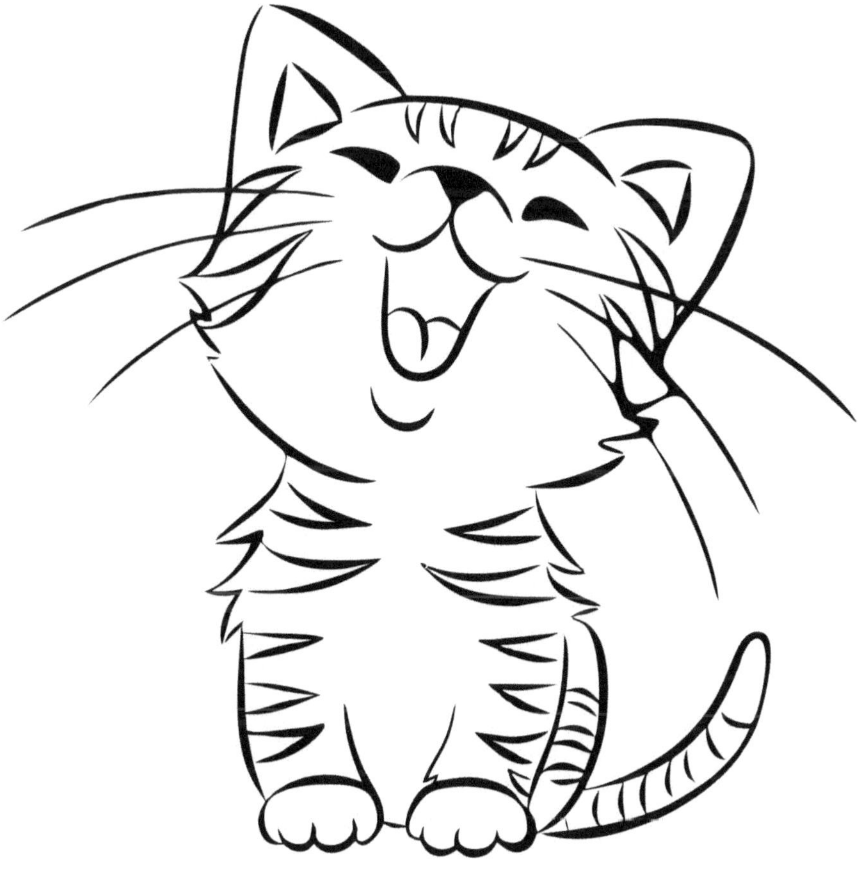

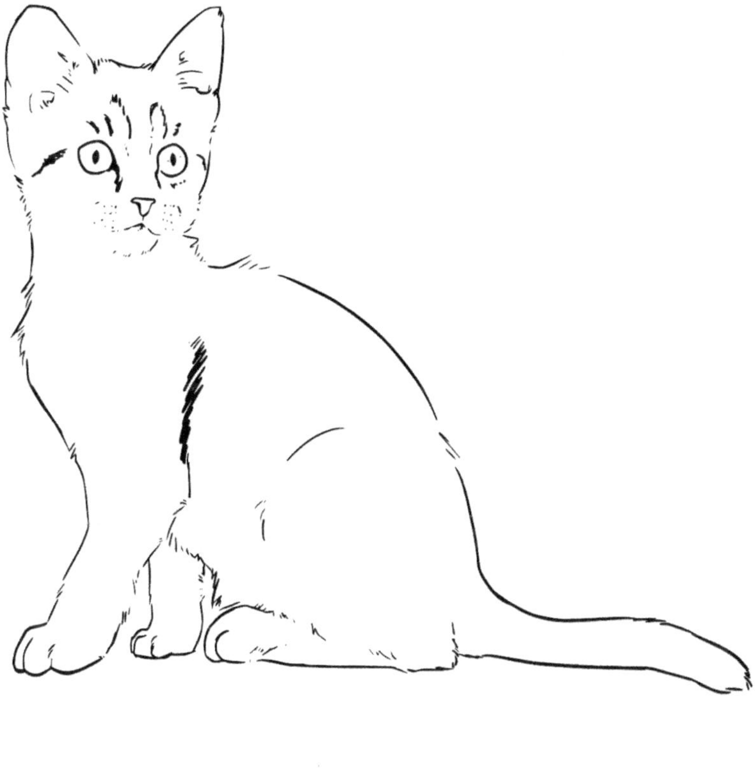

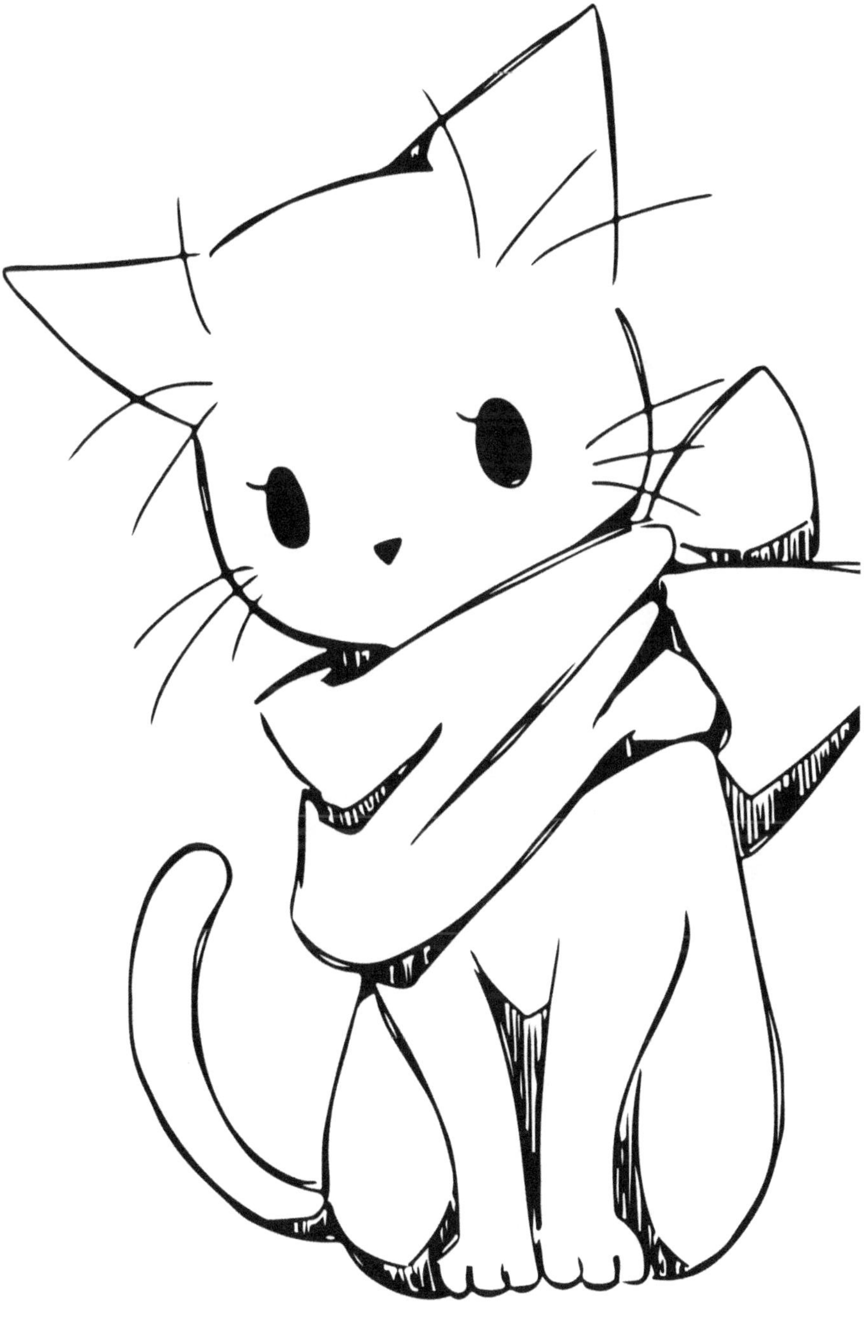

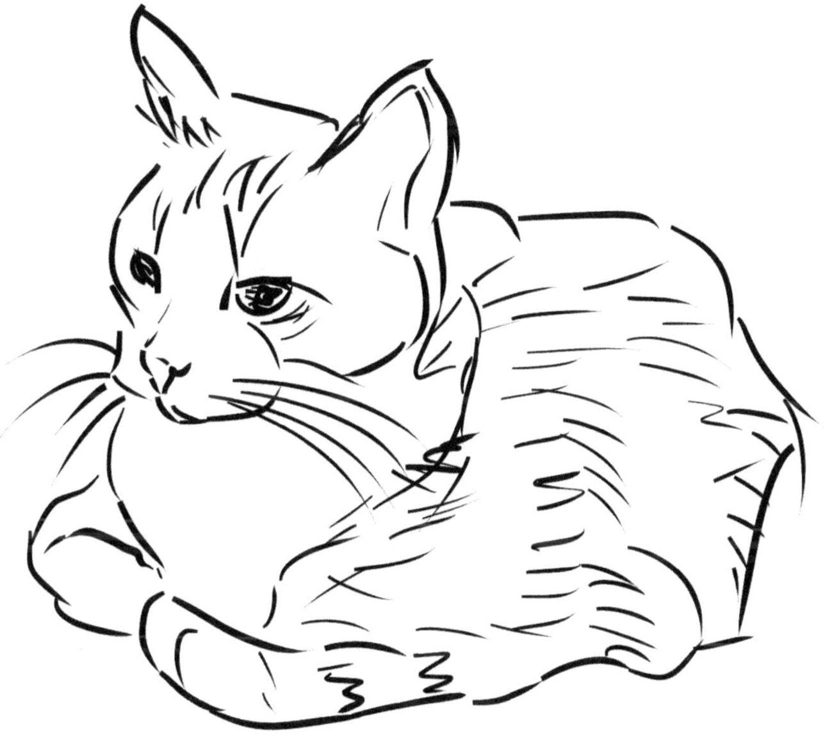

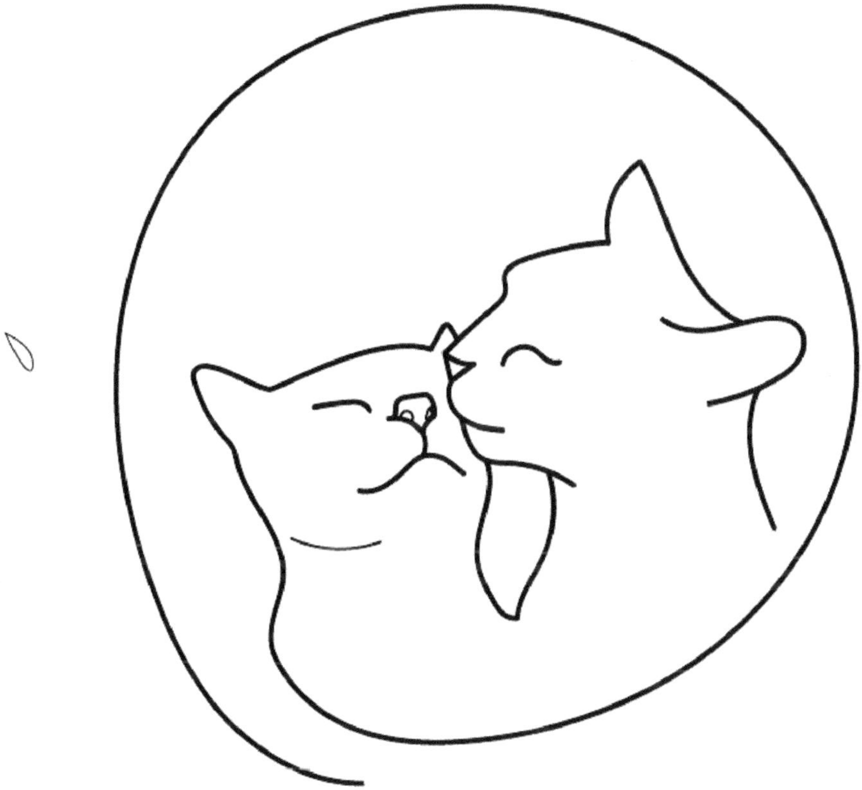

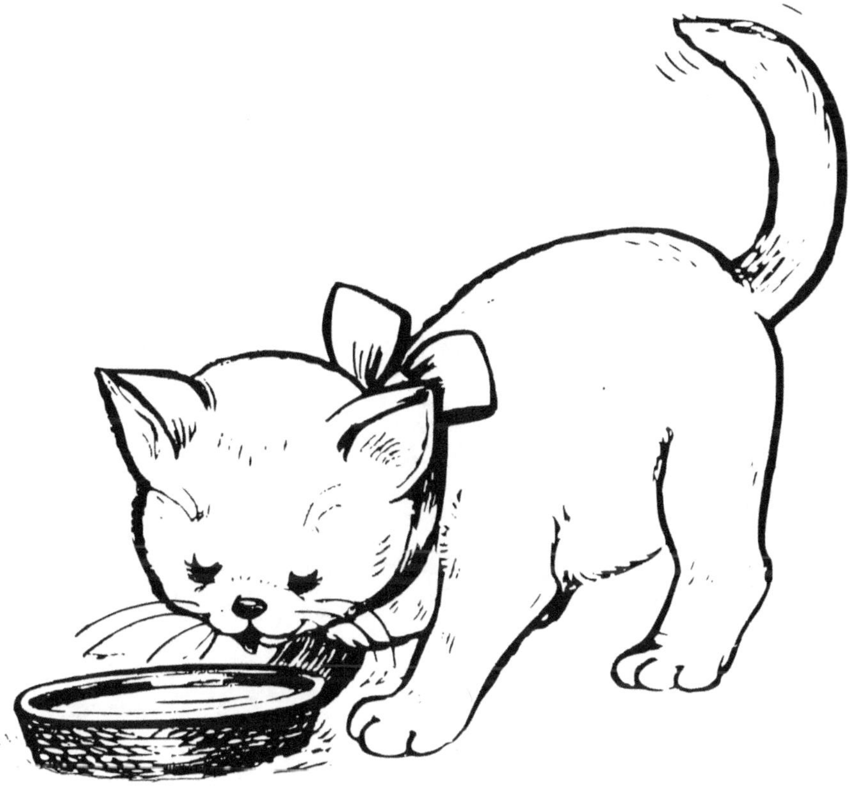

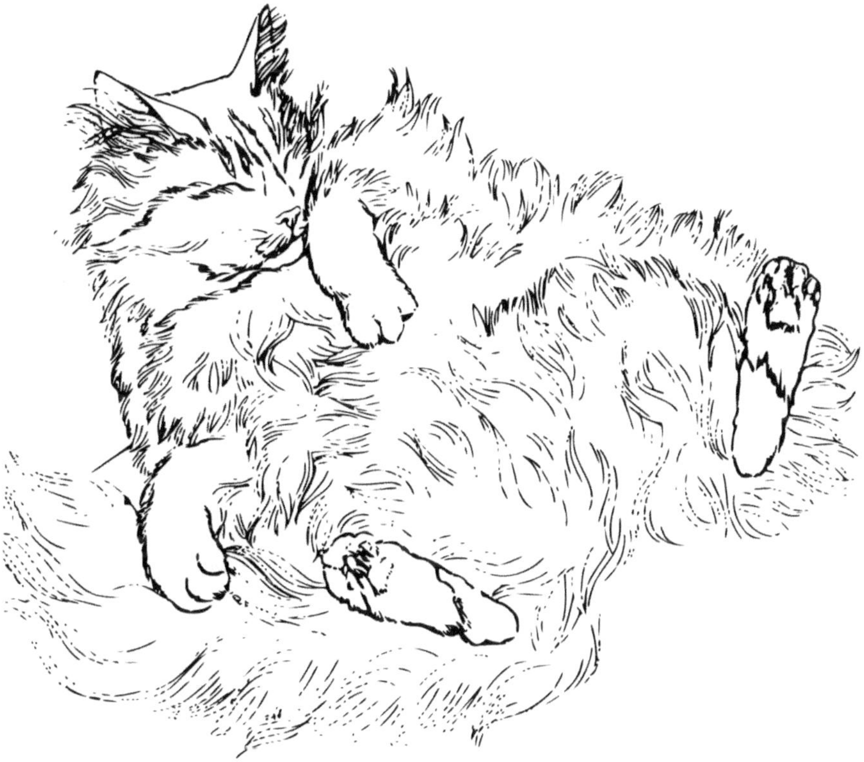

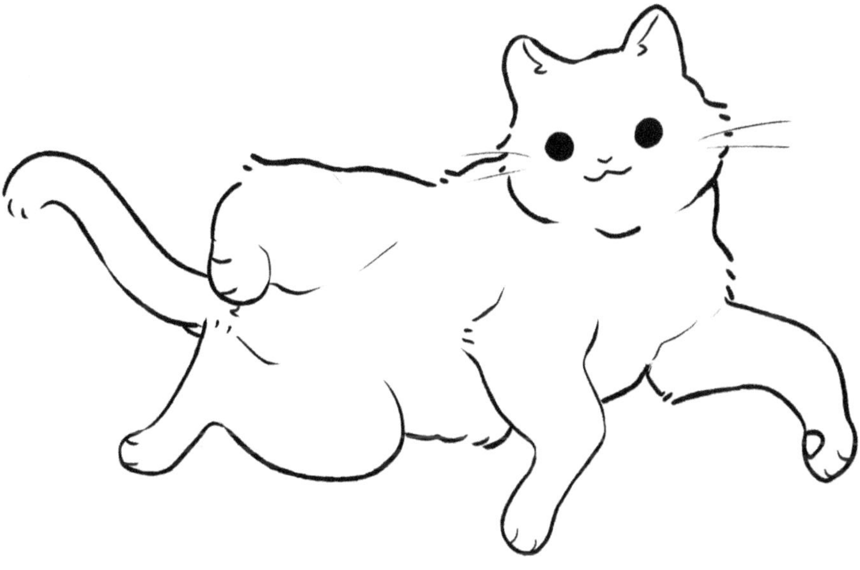

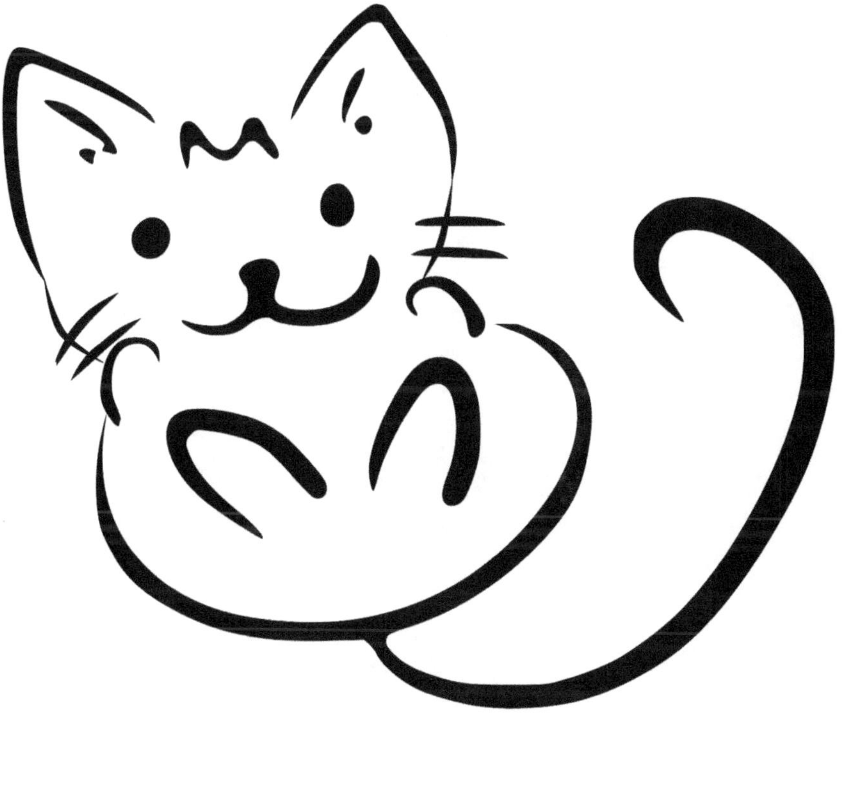

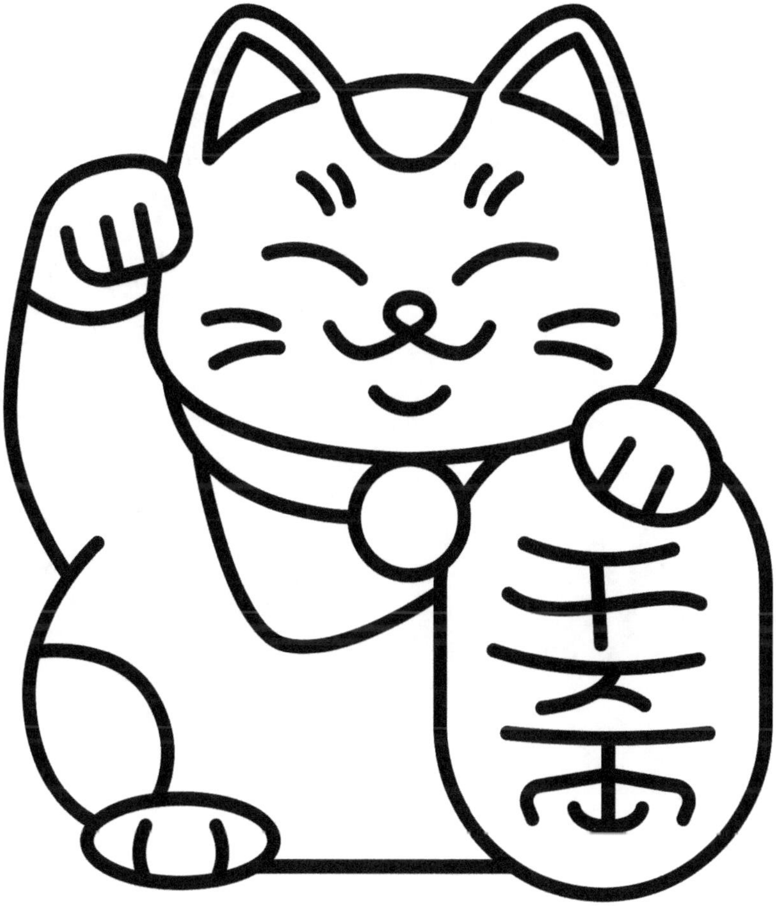

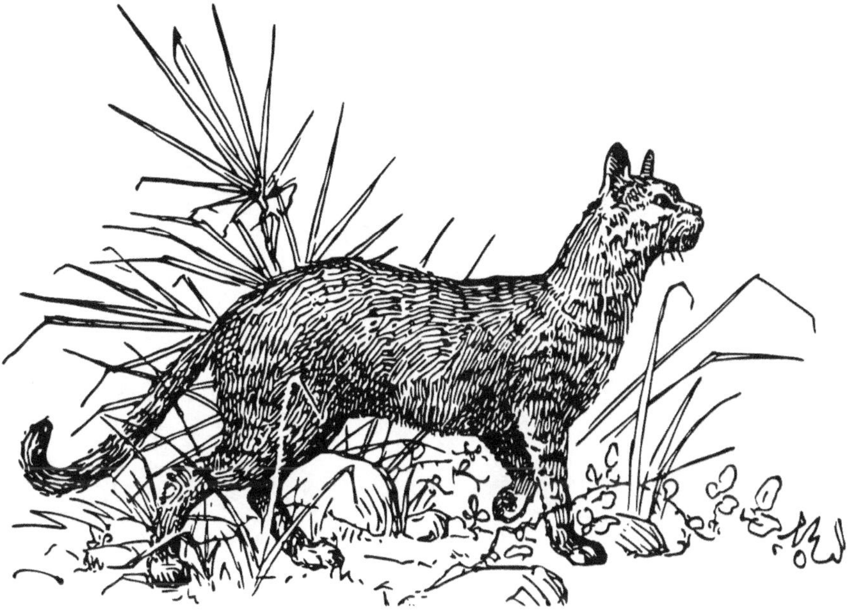

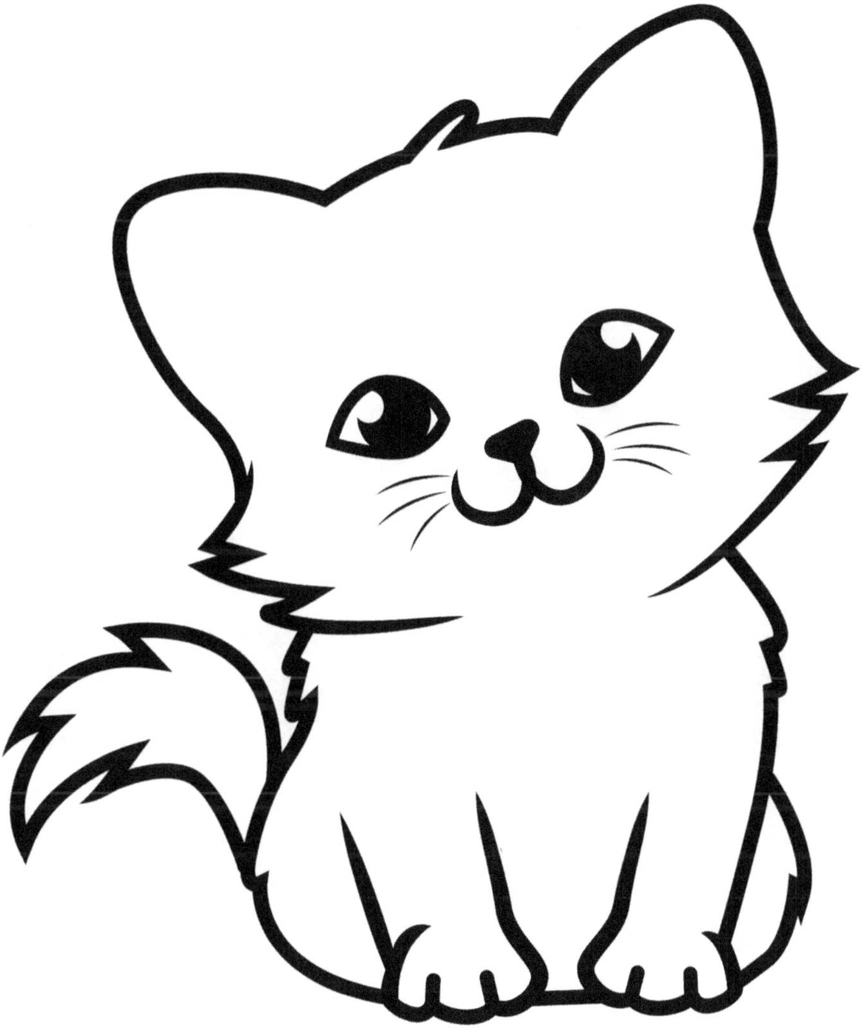

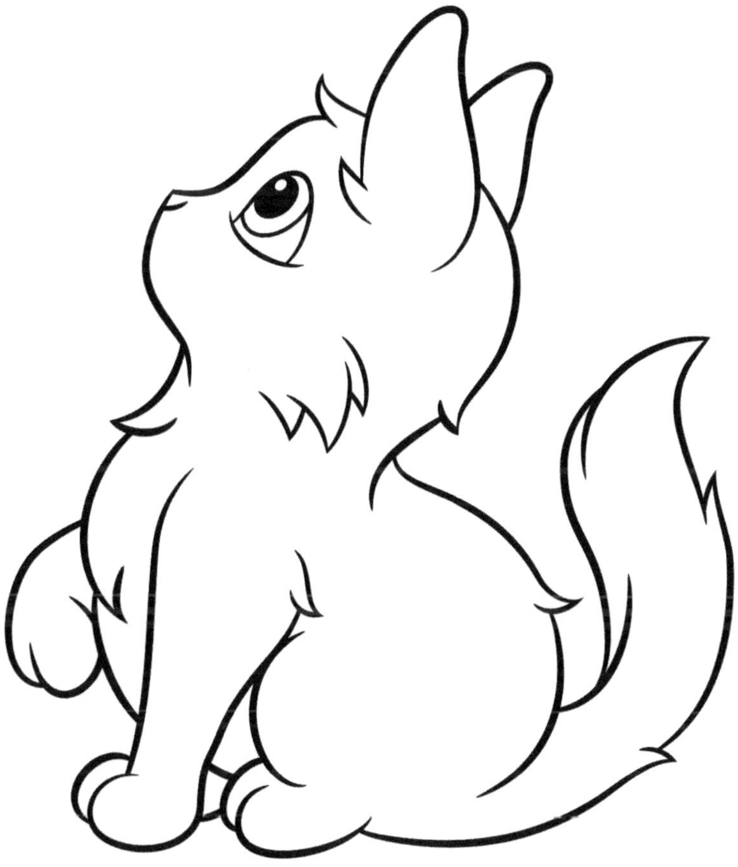

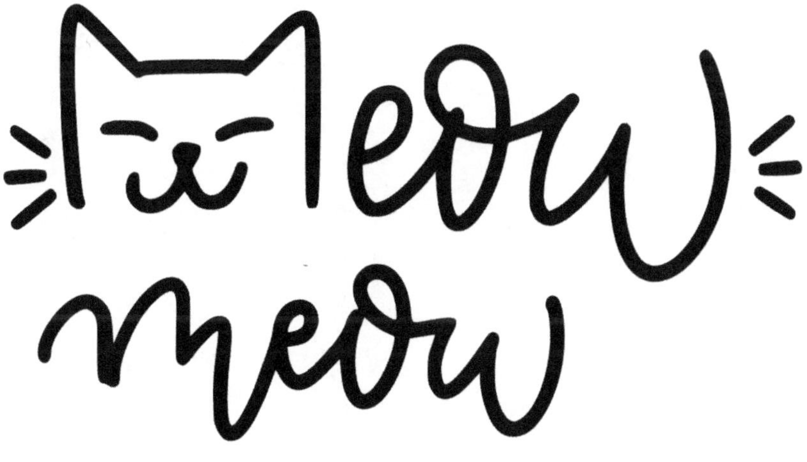
Meow
meow

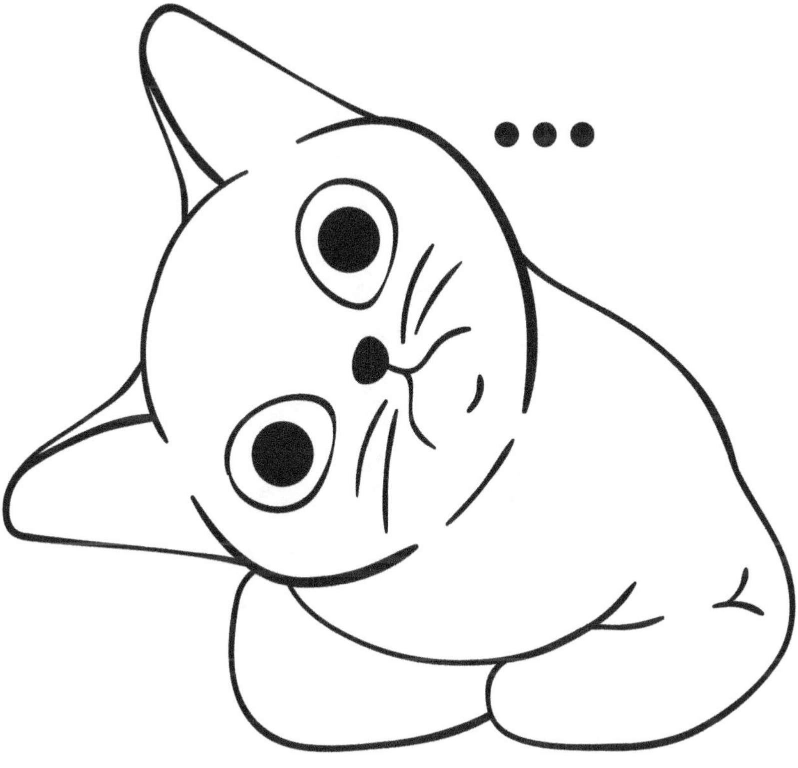

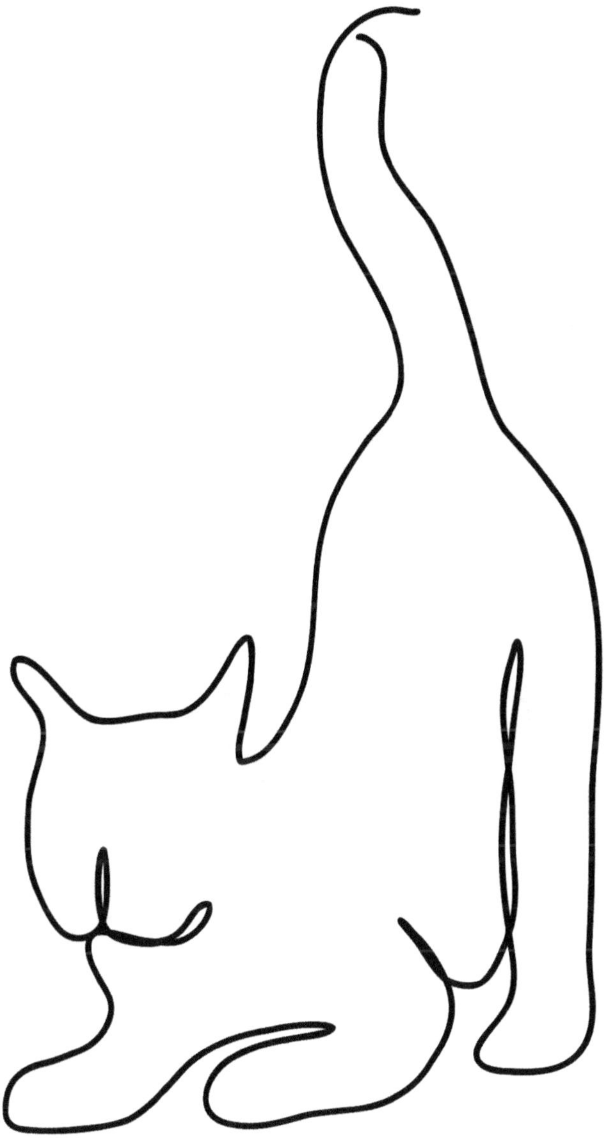

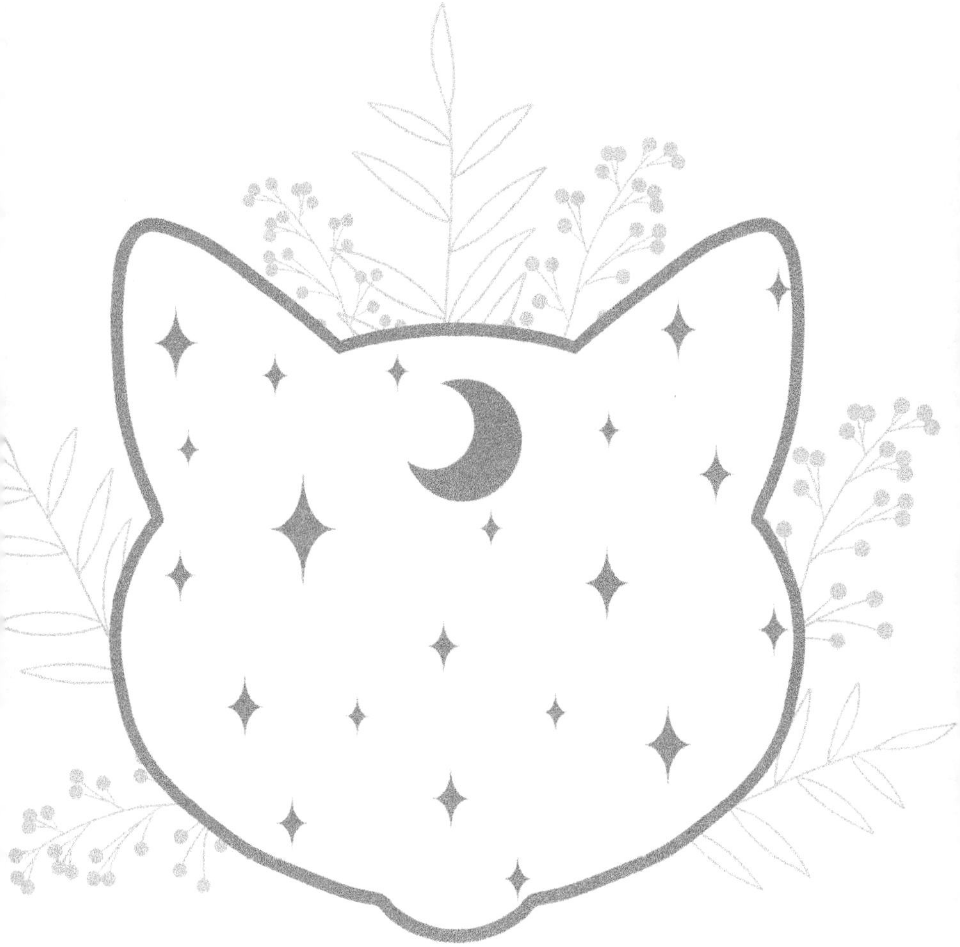

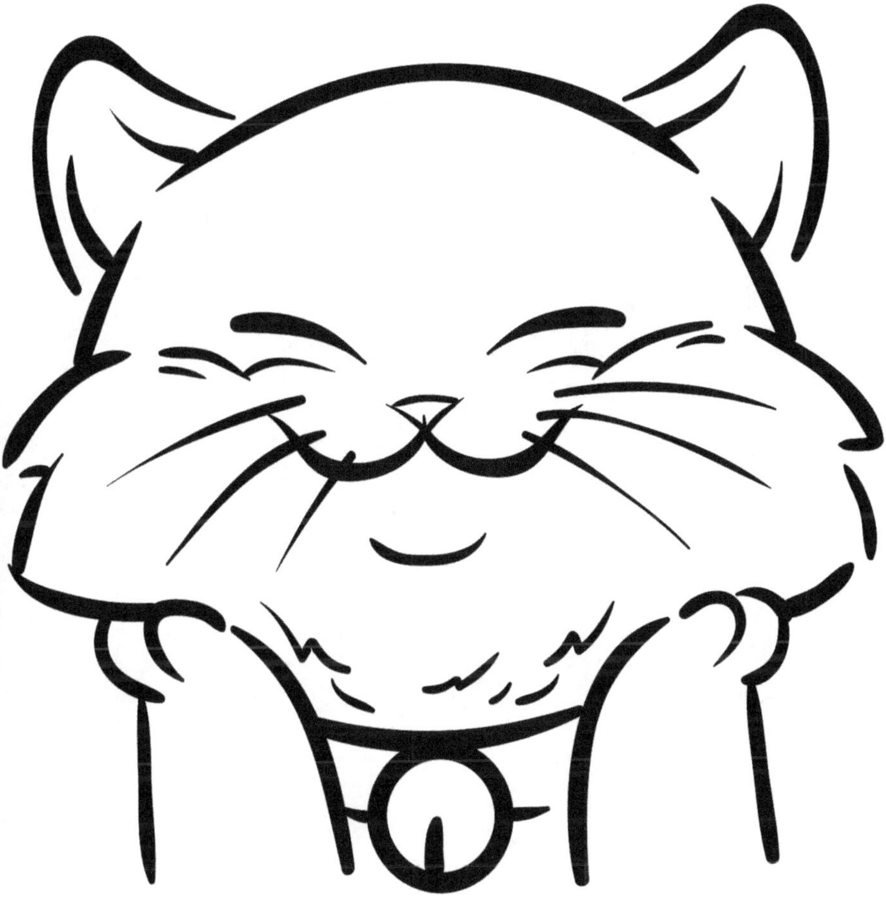

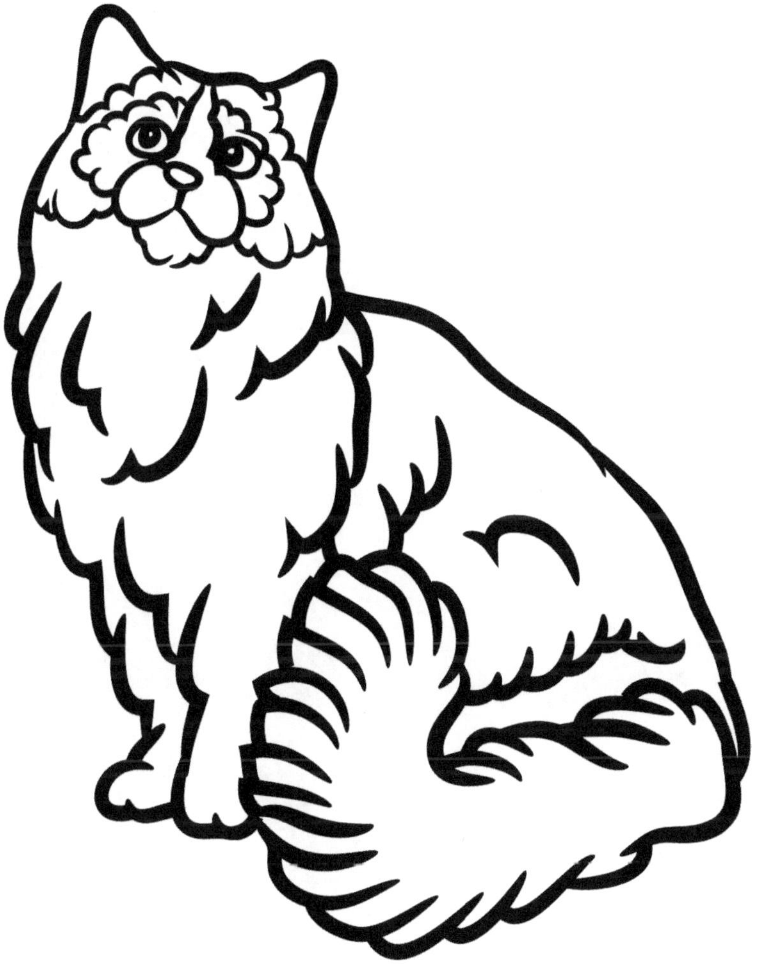

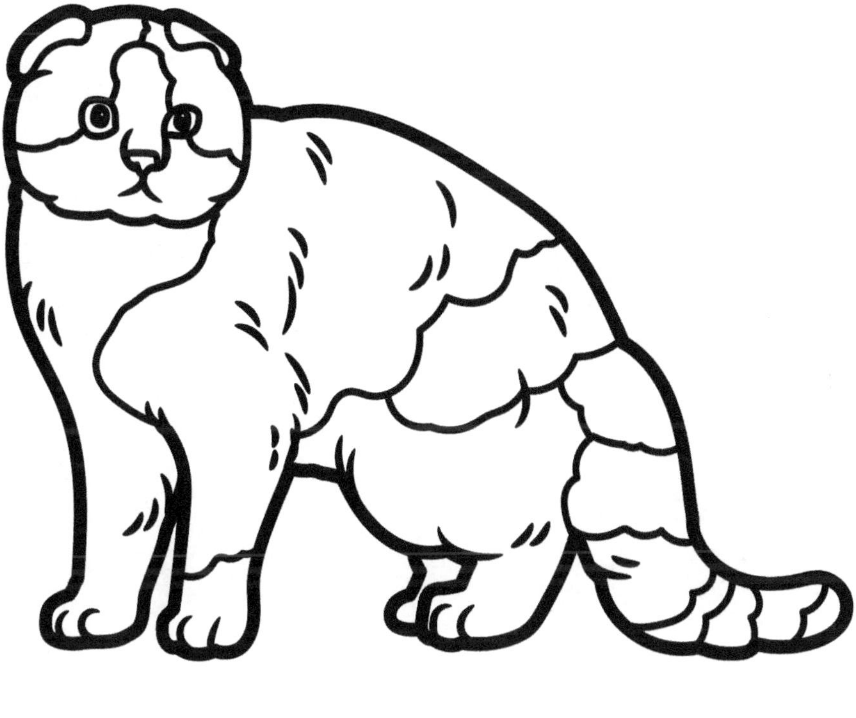

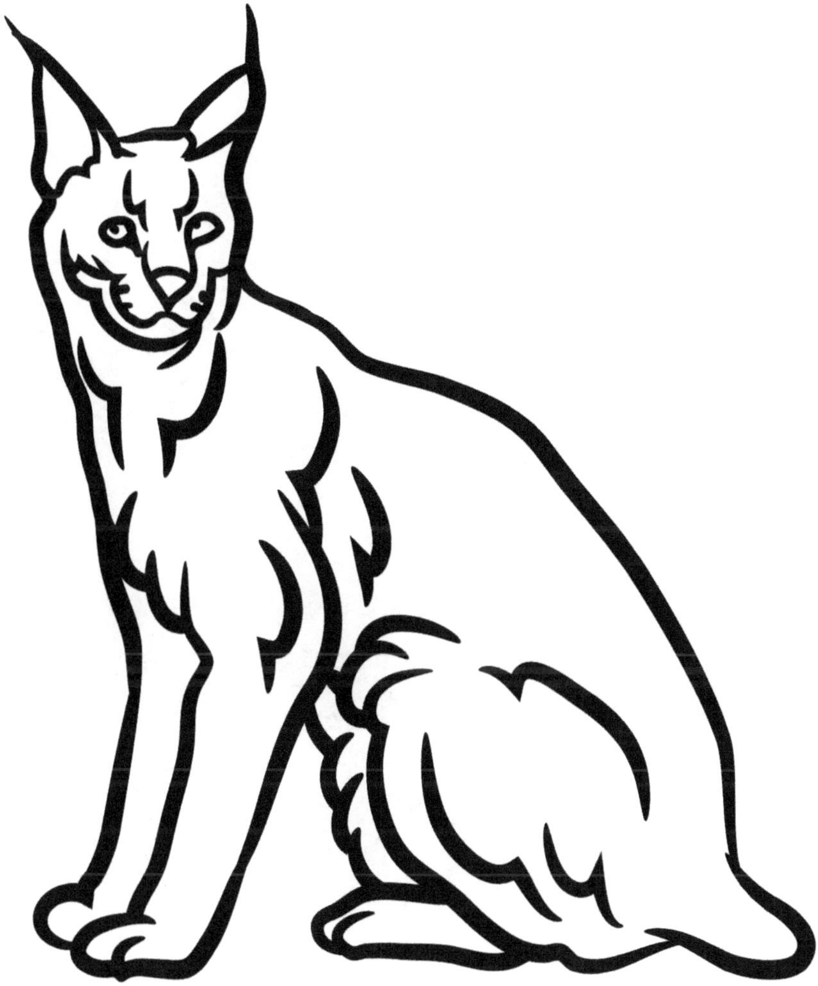

www.ingramcontent.com/pod-product-compliance
Lightning Source LLC
Chambersburg PA
CBHW050323230526
45471CB00005B/2321
* 9 7 9 8 3 2 3 6 9 7 7 5 5 *